AF202572

Horst Evers

FRÜHER WAR
MEHR WEIHNACHTEN

Rowohlt Taschenbuch Verlag

14. Auflage Dezember 2024

Originalausgabe
Veröffentlicht im Rowohlt Taschenbuch Verlag,
Reinbek bei Hamburg, November 2017
Copyright © 2017 by Rowohlt Verlag GmbH,
Reinbek bei Hamburg
Umschlaggestaltung Frank Ortmann
Umschlagabbildung Gerhard Glück
Satz aus der Minion Pro, InDesign, bei Pinkuin
Satz und Datentechnik, Berlin
Druck und Bindung CPI books GmbH, Leck
ISBN 978-3-499-29158-6

Inhalt

Lasst uns Weihnachten durch Kinderaugen sehen

Der Morgen des 23. Dezember. Ein Tag vor Weihnachten. Das Kind ist schon angemessen aufgeregt. Allerdings noch weniger wegen Heiligabend, sondern zunächst noch wegen der Vierundzwanzig. Morgen wird das letzte Türchen geöffnet. Fünfmal, denn es sind fünf Adventskalender. Zwei von den Großeltern, ein selbstgebastelter aus dem Hort, einer vom Patenonkel, und der fünfte, ja, von dem weiß eigentlich keiner so genau, wie der überhaupt in unseren Haushalt gekommen ist. Irgendwann Ende November war er plötzlich da. So, wie manche Dinge eben plötzlich da sind. Beispielsweise habe ich, soweit ich mich erinnere, noch nie in meinem Leben Besteck gekauft. Trotzdem hatte ich in allen meinen Wohnungen immer ausreichend Besteck. Keine Ahnung, warum. Es war irgendwie einfach immer da.

Alle Vierundzwanziger Türchen der Adventskalender haben übrigens Druckstellen. So einige Druckstellen vom Fühlen. Meine Tochter behauptet felsenfest, sie wäre es nicht gewesen. Und ich glaube ihr, weil ich ein guter Vater bin. Einer, der seiner Tochter vertraut, der das, was sie sagt, ernst nimmt, dem Kind nicht aus Bequemlichkeit oder Universalmisstrauen irgendwas unterstellt. Ein Vater, der genau weiß, wie sehr so ein grundloser Verdacht eine Kinderseele verletzen kann, dem seine Tochter wichtiger ist als uneingedrückte Vierundzwanziger-Türchen und der darüber hinaus ja weiß, dass er sie selbst zerdrückt hat.

Ich mag Adventskalender. Schon immer. Das Erfühlen des Vierundzwanziger-Türchens ist eine meiner schönsten Kindheitserinnerungen. Das gehört zu Weihnachten dazu. Nächstes Jahr mache ich das mit der Tochter gemeinsam. Gemeinsam Verbotenes zu tun, gehört zu den schönsten Sachen, die man als Familie zusammen unternehmen kann. Es fördert einfach Vertrautheit, Zusammenhalt und Geborgenheit. Vielleicht basteln wir dann auch unseren eigenen Adventskalender. Daran hatte ich immer Spaß. Obwohl meine Kalender wahrlich nicht alle so wirklich erfolgreich waren.

Im Alter von sechzehn Jahren habe ich mal extra einen Handarbeitskurs besucht, um für mich einen Adventskalenderoverall nähen zu können. Ein purpurroter Overall mit vierundzwanzig Türchen. Auf den Schultern zwei Halter für Kerzen. Den habe ich dann am ersten Dezember angezogen und bin damit zu meiner damaligen Freundin Claudia. Also, wir waren jetzt noch nicht wirklich zusammen. Also, genau genommen war sie sehr, sehr viel weniger mit mir zusammen als ich mit ihr. Mit diesem Ganzkörperadventskalender wollte ich jetzt allerdings mal Nägel mit Köpfen machen und ihr Herz für alle Zeiten oder doch zumindest bis über die Feiertage gewinnen. Jeden Tag, sagte ich ihr freudestrahlend, dürfe sie ein Türchen öffnen. Als Claudia jedoch den riesigen Hosenlatz mit der Vierundzwanzig sah, hat sie sich direkt von mir getrennt. Drücken oder fühlen wollte sie auch nicht. Nun ja, nicht jeder hatte eine glückliche, sorgenfreie Pubertät. Sechs Jahre zuvor, im Alter von zehn, habe ich mal vierundzwanzig Mäuse besorgt, um mit denen einen Adventskalender für unsere Katze zu basteln. Doch als ich sie in die Schachteln stecken wollte, sind sie mir irgendwie entwischt. Im Sommer hatten wir dann um die hundert Mäuse. Meine Mutter hat mir daraufhin verboten, weitere Adventskalender für die Katze zu basteln.

Meinen schönsten Adventskalender bekam ich jedoch im Alter von einundzwanzig. Mein damaliger Mitbewohner und alter Jugendfreund Markus hat ihn mir gebastelt. Vierundzwanzig kleine Säckchen, und in jedem steckte ein liebevoll handgedrehter Joint. Auf die Blättchen hatte er mit Lebensmittelfarbe kleine Weihnachtsmotive gemalt. Ein Kifferadventskalender. Damals sind wir jeden Morgen ganz früh aufgestanden, um ein neues Säckchen zu öffnen. Ich habe offen gestanden nicht mehr sehr viele Erinnerungen an diese Zeit. Außer dass das Säckchen mit der Vierundzwanzig echt ziemlich groß war. Unsere Tage damals hatten eine relativ klare Struktur. Irgendwann war es morgens, dann aber plötzlich auch abends und dann auf einmal wieder morgens. Zwischendrin hatte manchmal einer von uns Geburtstag. Zumindest haben wir das behauptet, um nicht abwaschen oder kochen zu müssen oder so. Ob da sonst noch was war? Wer kann das wissen? Wir haben, glaub ich, geredet, echt ziemlich viel geredet. Was auch immer. Vermutlich dies und das. Wenn man eine gemeinsame Kindheit in Diepholz in Niedersachsen hatte, geht einem nie der Gesprächsstoff aus. Und immer wieder sprachen wir wahrscheinlich auch von unserem schlimmen Weihnachtstrauma. Dem Tag, den nur wir wohl nie wieder vergessen würden.

Der Winter des Jahres 1972 war ein recht milder Winter. Ich war damals fünf Jahre alt. Meine Eltern hatten versprochen, mit mir am verkaufsoffenen Samstag vor dem dritten Advent ins Kaufhaus Seitz nach Diepholz zu fahren. Verkaufsoffener Adventssamstag. Bis 16.30 Uhr hatte das Kaufhaus auf. Der blanke Wahnsinn. Mein Großvater verurteilte das. Es verbitterte ihn, dass es immer weniger Zeiten gab, an denen man nicht von ihm verlangte, dass er irgendwas kaufte. «Irgendwann», prophezeite er düster, «irgendwann werden sie die Kaufhäuser an den Adventssamstagen auch noch bis 19.00 Uhr aufmachen. Dann haben sie es geschafft. Dann ist gar keine Besinnung mehr. Dann findet das ganze Weihnachten nur noch im Kaufhaus statt!»

Mein Großvater war ein notorischer Schwarzmaler. Das wussten alle in der Familie. Und eigentlich auch alle im ganzen Landkreis.

Das Kaufhaus Seitz war das größte Kaufhaus in ganz Diepholz. Das wäre es allerdings auch gewesen, wenn es kleiner gewesen wäre, denn es war das einzige Kaufhaus in Diepholz. Es hatte zwei Etagen und dazwischen eine Rolltreppe. 1972 die einzige Rolltreppe in ganz Diepholz und damit eine der wichtigsten Sehenswürdigkeiten der Stadt. Mein Großvater verurteilte auch diese Rolltreppe:

«Irgendwann werden die Menschen gar nicht mehr selber gehen. Und dann wird die Evolution dafür sorgen, dass sich Füße und Beine wieder zurückentwickeln. Und weil auch keiner mehr arbeitet, werden sich Hände und Arme auch zurückentwickeln. Dann bestehen alle Menschen nur noch aus Kopf und dickem Bauch und rollen den ganzen Tag durch die Kaufhäuser!»

Am dritten Adventssamstag kam der Weihnachtsmann ins Kaufhaus Seitz. Das war eine große Geschichte. Dem konnte man nämlich dann direkt seine Wünsche sagen. Nur drei Wünsche. Die wichtigsten drei. Der Weihnachtsmann mochte es gar nicht, wenn man ihm mehr als drei Wünsche sagte. Das wussten alle Kinder von Herrn Seitz, dem Inhaber des Kaufhauses. Und der war sehr, sehr gut mit dem Weihnachtsmann befreundet. Zumindest sagte das Herr Seitz immer. Wir bewunderten ihn für diese Freundschaft.

Seit Wochen hatte ich meine drei Wünsche geübt, sie mir immer wieder leise vorgesprochen, damit ich nur nichts falsch machte, wenn ich beim Weihnachtsmann auf dem Schoß saß. Ein Cowboy-und-Indianer-Fort, eine elektrische Rolltreppe für unser Haus und als dritten Wunsch, dass mein Großvater nichts von der Rolltreppe merkte. Punkt 14.30 Uhr sollte der Weihnachtsmann seinen geschmückten Thron im ersten Stock besteigen. Aber schon kurz nach eins stand ich mit Hunderten anderer Kinder davor und wartete. Immer wieder murmelte ich meine drei Wünsche wie ein Mantra vor mich hin. Und alle Kinder um mich herum murmelten auch ihre Wünsche. Um die dreihundert Kinder standen murmelnd im ersten Stock des Kaufhauses Seitz. Eine großartige Geräuschkulisse, eigentlich wie in einem mittelalterlichen Kloster, nur dass wir statt Rosenkränzen von Lego, Barbies und Spielzeugpanzern murmelten. Dann wurde es endlich 14.30 Uhr. Der Weihnachtsmann kam mit großem Pompom die Rolltreppe hochgefahren, brüllte ununterbrochen: «Hohoho, Kinder, hohoho …», und dreihundert Kinder schrien wie am Spieß. Die Beatles wären vor Neid erblasst. Der Weihnachtsmann bahnte sich den Weg zu seinem Thron, dröhnte ununterbrochen mit knallrotem Kopf: «Hohohoooo …», bis er den Sessel erreicht hatte. Dort jedoch hielt er plötzlich inne, rief irgendetwas, was wegen des Geschreis von uns Kindern nicht zu verstehen war, ließ sich erstaunlich unelegant in den Thron fallen, versuchte wohl noch mal, was zu rufen, und sackte dann in sich zusammen. Es dauerte ungefähr eine Minute, bis Kinder, Eltern und Herr Seitz realisiert hatten, was geschehen war. Der Weihnachtsmann war tot. Einfach so. Die Aufregung war wohl doch etwas zu viel gewesen. Er war vor ihren Augen gestorben.

Es ist nie schön, wenn ein Weihnachtsmann stirbt, aber direkt vor den Augen von dreihundert drei- bis siebenjährigen Kindern ist es schon recht nahe an einer respektablen Katastrophe.

Innerhalb weniger Augenblicke wich der Lärm einer völligen Stille. Diese dauerte gefühlte zwei bis drei Monate an. Tatsächlich waren es wohl höchstens fünf Sekunden. Dann aber rissen sich die ersten

Kinder am Riemen und heulten und schrien in altersgerechter Weise, wie es dem Anlass angemessen war. Einige schimpften, weil jetzt alle ihre Mühe vergebens gewesen war. Markus rannte vor und brüllte dem toten Weihnachtsmann vorsichtshalber trotzdem noch seine Wünsche ins Ohr. Man kann ja nie wissen.

Herr Seitz stand fassungs- und regungslos inmitten des Tumults. Dabei wartete auf ihn noch ein weiterer Schicksalsschlag. Wie sich später herausstellte, war an diesem Wochenende nämlich nicht nur sein sehr, sehr guter Freund, der Weihnachtsmann, gestorben, sondern zufällig auch noch der alte Seitz, sein Vater und Seniorchef des Kaufhauses.

Die Kinder haben den Schock dann doch letzten Endes alle mehr oder weniger gut weggesteckt. Zumindest wenn man jetzt mal von dem einen oder anderen Trauma absieht, welches später dann mit Kifferadventskalendern oder Ähnlichem bekämpft wurde. Schon im nächsten Jahr waren alle wieder beim Weihnachtsmannbesuch im Kaufhaus Seitz dabei.

Nur Herrn Seitz muss das Ganze sehr nahegegangen sein. Zumindest wurde er in den folgenden Jahren nie wieder beim Besuch des Weihnachtsmanns in seinem Kaufhaus gesehen.

Die schönsten Weihnachtsmärkte der Welt (Folge 13): Der Wikinger-Weihnachtsmarkt von Rostock

Im Laufe der letzten zehn Jahre habe ich grob geschätzt circa achtzig Weihnachtsmärkte im gesamten deutschsprachigen Raum besucht. Es gibt wohl, wenn überhaupt, nur wenige Menschen, die so viele verschiedene Weihnachtsmärkte besichtigen konnten und noch in der Lage und vor allen Dingen auch willens sind, über das Erlebte Zeugnis abzulegen.

Tatsächlich konnte ich mittlerweile feststellen, dass Weihnachtsmärkte generell eine relativ ähnliche innere Ordnung haben. Die Kenntnis dieses grundsätzlichen strukturellen Aufbaus der Weihnachtsmärkte ermöglicht es mir, mich selbst auf den größten und unübersichtlichsten Weihnachtsmärkten sehr schnell und sicher zurechtzufinden. Das ist eine schöne Fähigkeit und ein wirklich nicht zu unterschätzender Vorteil. Selbst auf dem weltweit wohl größten und berühmtesten Weihnachtsmarkt, dem Christkindlesmarkt in Nürnberg, erkenne ich praktisch auf den ersten Blick die genaue Position und auch den schnellsten Weg zu den Toiletten. Das ist eine sehr wichtige, bedeutsame Information. Wie bedeutsam, wird in vollem Umfang spätestens nach Einbruch der Dunkelheit klar, wo man sich immer wieder wünscht, alle Besucher des Christkindlesmarktes hätten auf einen Blick oder zumindest doch ausreichend schnell erkannt, wo hier die Toiletten sind.

Schon dieses kleine Beispiel lässt erahnen: Auch bei Weihnachtsmärkten gilt, wie wohl bei allem im Leben: Wo viel Licht ist, da ist auch Schatten. Und leider irrt Bertolt Brecht eben doch, wenn er behauptet, die im Dunkeln sähe man nicht. Auf Weihnachtsmärkten oder am Rande der Weihnachtsmärkte sieht man sie sehr wohl, und nicht immer ist es ein Anblick, der das Leben oder auch nur den Abend wirklich bereichert.

Doch möchte ich lieber von der leuchtenden Pracht der Weihnachtsmärkte berichten. Dem Besonderen, denn jeder Weihnachtsmarkt hat auch seine ganz eigene, exklusive Note, häufig sogar eine Spezialität, für die er in der ganzen Welt berühmt ist: In Nürnberg gibt es die Lebkuchen, in Dresden den Stollen, in Chemnitz die Schnitzereien, in Aachen die Printen und in Spandau auf die Fresse. Aber auch die kleineren Weihnachtsmärkte haben durchaus ihre Spezialitäten …

Ich weiß nicht, ob Rostock noch einen zweiten, größeren Weihnachtsmarkt hat. Wahrscheinlich, denn der Wikinger-Weihnachtsmarkt ist wirklich klein. Sieben Buden, von denen drei geöffnet haben. Dazu noch ein echter Wikinger, der eine Art Wikinger-Event-Areal betreibt. Insgesamt soll der Markt, der direkt vor einem dieser Kaufhausklötze mit circa hastenichgesehnpaarhundertwennnichmehr Geschäften auf ungefähr jibtsjajarnichzigsteliarden Quadratmetern Verkaufsfläche stattfindet, eine traditionelle Wikinger-Weihnacht darstellen.

Nun gut, bedenkt man, dass Weihnachten ja eigentlich das Fest zur Geburt Jesu Christi ist, und berücksichtigt ferner, wann ungefähr die Wikinger so geherrscht und an welche Götter sie letztlich geglaubt haben, ist die Vorstellung, es gäbe so etwas wie eine traditionelle Wikinger-Weihnacht, alles in allem – überraschend. Aber egal.

Der Wikinger, der sich zusätzlich auch noch ein bisschen als Weihnachtsmann verkleidet hat, fragt mich, ob ich eine Wikinger-Urkunde erlangen wolle. Diese werde mich, so ich die Prüfungen bestehe, als echten Wikinger ausweisen und mir zudem einen Ermäßigungscoupon für eine Begleitperson beim Besuch des neuen Wickie-Films bescheren. Der Coupon gelte allerdings nicht für die Kinokarte, sondern nur für ein Wickie-Menü, bestehend aus einem

Erfrischungsgetränk, Wikinger-Nachos sowie einem kleinen Geschenk, das ich – wörtliches Zitat! – «frei auswählen kann, sofern vorhanden».

Denke: Na, wer da nicht mitmacht, dem kannste aber mit nix mehr 'ne Freude machen. Der kann sich den Baum für seinen Sarg schon mal pflanzen.

Die Prüfung besteht aus drei echten Wikinger-Aufgaben. Die erste ist Dosenwerfen. Guck, schon wieder so eine Sache, die ich nicht über die Wikinger wusste. Wer hätte gedacht, dass die gern auf Dosen geworfen haben. Tatsächlich, muss ich zu meiner Schande gestehen, wäre ich mir nicht einmal sicher gewesen, ob die damals überhaupt schon Dosen hatten. Immerhin sind die Dosen mit Elchgesichtern bemalt. Vielleicht ein Kompromiss. Wahrscheinlich haben die Wikinger damals auf zu Pyramiden gestapelte Elche geworfen.

Mit meinem dicken Wintermantel bin ich leider ziemlich gehandicapt. Der erste Wurf geht komplett an den Elchen vorbei. Peinlich. Der Wikinger guckt mich müde an, sagt: «Bestanden.»

Weise darauf hin, dass ich noch zwei Bälle habe.

Er schüttelt den Kopf. «Ist egal, Sie haben bestanden!»

Die zweite Aufgabe sind Wissensfragen über die Wikinger, im Multiple-Choice-Verfahren. Für die erste Frage «Wie heißt der Herkunftsort der Wikinger?» gibt es als Antwortmöglichkeiten: a) Skandinavien,

b) Afrika und c) Wyk auf Föhr. Weil ich aus einem tragischen Zwang heraus noch origineller sein möchte, antworte ich: «Reinickendorf. Die Lösung ist Reinickendorf.» Er sagt: «Richtig», und wir gehen über zu Frage zwei: «Was ist das Getränk der Wikinger?» Meine Vermutung «Bubble Tea» wird zu meiner großen Überraschung genauso als richtig bewertet wie mein Lösungsvorschlag für die letzte Frage: «Wie hießen die Schiffe der Wikinger?» – «Marianne und Michael.» Offensichtlich weiß ich doch mehr über die Wikinger, als ich selbst angenommen habe.

Jetzt fehlt nur noch eine Aufgabe, und schon erhalte ich meine Abschlussurkunde als echter Wikinger. Das wäre mein größter Ausbildungserfolg seit dem Taxischein, also seit über zwanzig Jahren. Ich bin entsprechend motiviert.

Ich muss in einem Parcours circa anderthalb Meter hohe Wackelfiguren abwechselnd mit einem Holzschwert umhauen und mit einem fröhlichen Wikinger-Helm umstoßen, den ich auf den Kopf bekomme. Alles in einem lustigen, dicken, schweren Wikinger-Fell, das man mir zusätzlich übergeworfen hat. Nicht einfach, zumal der Weg vereist ist. Fast so, als wäre absichtlich Wasser drübergeschüttet worden. Gehe vorsichtig zu den Figuren, stupse ein bisschen mit dem Holzschwert dagegen und will mir dann die Urkunde abholen. Der Mann sagt: «Durchgefallen. Zu langsam.»

Ich verstehe nicht direkt. «Wie? Heißt das, ich kriege jetzt keine Urkunde?»

«Nee, Sie waren zu langsam. Wollen Sie noch mal?»

Denke, ich werde hier nicht ohne Wikinger-Urkunde weggehen. Im zweiten Versuch rutsche ich zwar drei-, viermal aus, bin aber ansonsten wirklich zügig unterwegs. Der Mann schüttelt den Kopf: «Durchgefallen. Die Figuren müssen wenigstens dreißig Grad gekippt sein.»

Ich trete noch mal an. Mittlerweile sammelt sich erstes Publikum. Beim dritten Versuch falle ich durch, weil ich beim Schlagen «Hejo!» hätte rufen müssen, beim vierten, weil ich öfter als dreimal gestürzt bin. Beim siebten oder achten Anlauf hat sich schon eine richtig große Menschenmenge um den Parcours gebildet. Sie feuern mich an. Ich schwitze wie in einer echten Wikinger-Sauna, renne und schlage sinnlos auf die Kippfiguren. Doch erst beim zwölften oder fünfzehnten Durchgang sagt der Mann plötzlich: «Bestanden! Glückwunsch!»

Alle freuen sich, klatschen und ziehen dann weiter über den Wikinger-Markt.

Während ich das Kostüm ausziehe und die Urkunde bekomme, meint mein Prüfer: «Wissen Sie, es ist echt nicht leicht, Leute zu diesem Scheiß-Wikinger-Markt zu locken. Es braucht immer jemanden, der sich für diese dritte Aufgabe qualifiziert und dann in diesem albernen Wikinger-Kostüm wie ein Idiot versucht, die Wackel-Wikinger zu treffen. Erst das lockt die Leute an. Wenn sich einer so richtig zum Lappen macht. Im Prinzip funktioniert das ähnlich wie bei ‹Deutschland sucht den Superdings›, nur halt mit Wikingern und noch popliger. Aber als ich Sie gesehen habe, wusste ich gleich, Sie sind mein Mann.»

Denke: Na und? Dafür habe ich jetzt eine Wikinger-Urkunde. Endlich mal eine wirklich abgeschlossene Ausbildung. Und die ist sehr viel ehrlicher erworben als mancher Doktortitel.

Schau mir in die Augen

Kürzlich fragte ein Lifestyle-Magazin an, ob ich für sein Weihnachtsheft einen möglichst originellen Geschenktipp beisteuern wolle. Ich antwortete wahrheitsgemäß: «Nein.» Schickte ihnen dann aber, um sie zu verwirren, nicht einmal anderthalb Stunden später folgenden Text:

«Wie jeder Mensch weiß, sind originelle Weihnachtsgeschenke das solide Fundament jeder glücklichen, auf gegenseitigem Respekt gründenden Beziehung. Etwas Aufregendes, Persönliches sollte es schon sein. Aber was, wenn die Zeiten, in denen wir uns einfach nur selbst der Freundin zu Weihnachten geschenkt haben, bekleidet mit nichts weiter als einer einzigen großen roten Schleife, sich mehr und mehr dem Ende zuneigen? Womöglich sogar ganz vorbei sind, auch weil die Schleifen immer größer wurden, ja werden mussten?»

Ich möchte hier kurz einfügen, dass es in meinem Fall diese Zeiten nie gegeben hat. Dieser Einschub ist wichtig, weil sich sonst meine Tochter, die mittlerweile alle meine Texte liest, womöglich vorstellt, wie ich, nur mit einer roten Geschenkschleife bekleidet, im Wohnzimmer stehe. Das soll sie nicht. Vermutlich würde sie sich dann nie wieder unbefangen über Geschenke mit rotem Geschenkband freuen können. Daher bin ich, genauso wie die Tochter, wirklich froh, dass ich das niemals gemacht habe. Also zumindest war die Schleife nicht rot.

«Nun gut, die, nennen wir sie mal: Nacktschleife kommt also nicht oder nicht mehr in Frage. Was schenkt man sich und der Partnerin dann? Ich hätte da einen heißen Tipp: Ein großes Problem für die Orthopäden unserer Zeit ist der sogenannte Handy-Nacken. Durch die häufigen, oft langen Blicke aufs Smartphone kommt es wegen der gebückten Haltung vermehrt zu Haltungsschäden in der Bevölkerung. Daher sollte man sich für die Smartphonenutzung möglichst eine andere, aufrechte Position angewöhnen.

Zudem wird es zu Recht als unhöflich empfunden, im Gespräch mit anderen die ganze Zeit aufs Telefon zu schmulen. Gespräche wie:

‹Checkst du etwa Mails, während ich mit dir rede?›

‹Was?›

‹Sag mal, spinnst du?›

‹Nein, ich kann das, ich bin Multitasking.›

‹Das stimmt doch gar nicht.›

‹Doch, ich kann gleichzeitig Mails checken und dir

nicht zuhören›, sorgen nicht selten für die ersten feinen Risse im güldenen Band einer freudvollen Partnerschaft.

Aber für beide Probleme gibt es eine Lösung: ein Stirnband, das vorne, eben im Stirnbereich, eine Halterung für das Smartphone des Partners hat. Die Partnerin trägt mein Smartphone vor der Stirn – ich trage ihr Smartphone vor der Stirn. Und so können wir uns beide während des Gesprächs schön anschauen und trotzdem problemlos Mails checken, snapchatten oder Quizduell spielen. Da man hierbei nach oben guckt, ist das für die Körperhaltung ein wahrer Segen. Außerdem haben die ständigen Berührungen, also das Tippen und Wischen auf der Stirn des anderen, eine nicht zu unterschätzende erotische Wirkung. Die Frage, ob man das Smartphone mehr beachtet als den Partner oder die Partnerin, stellt sich nie wieder, da das eine nicht ohne das andere geht. Und selbst wenn man mal schlimm Streit hat, kann man einfach mit der Stirn auf den Tisch schlagen und trifft so das Gegenüber an seiner empfindlichsten Stelle. Es gibt also quasi nur Gewinner.»

Der Artikel ist dann erschienen, und meinem Wissen nach hat sich wirklich niemand für meinen Vorschlag mit dem Handy-Stirnband interessiert. Dafür aber sehr viele für die Nacktschleife. Unter anderem erhielt ich folgende Zuschrift:

«Sehr geehrter Herr Evers, mit großem Bedauern musste ich lesen, dass Sie der Auffassung sind, es gebe eine Alters- oder ästhetische Grenze für die Nacktschleife. Hierzu möchte ich sagen, dass mein Partner und ich die Nacktschleife zu Pfingsten schon seit über vierzig Jahren praktizieren und sie noch nie ihre Wirkung verfehlt hat.»

Zunächst wollte ich im Reflex zurückschreiben: «‹Zu Pfingsten sind die Geschenke immer am geringsten!›, sagte unser Pastor früher gerne während des Konfirmandenunterrichts.» Dann jedoch begriff ich meinen Irrtum und möchte daher jetzt klarstellen: Natürlich ist es eine schöne Überraschung für die Partnerin, wenn man mal nur so mit einer Schleife bekleidet im Wohnzimmer steht. Wirklich. Klar. Von all meinen Freunden, die das bislang ausprobiert haben, weiß ich: *Überraschung* war immer. Ganz egal, wie es sonst verlaufen ist. Es wurde gestaunt. Aber hallo! Und das ist ja so wichtig, gerade auch in langjährigen Beziehungen. Den Partner zu verblüffen. Insofern lässt sich selbstverständlich nichts gegen die Nacktschleife sagen. Es ist immer eine schöne Geste und gibt meist ein großes Hallo. Kann man machen. Dennoch würde ich davon abraten, es *direkt* an den Weihnachtsfeiertagen zu zelebrieren. Wenn die ganze Familie da ist. Das kann schon verstören. Andere und dann häufig auch einen selbst.

Es sei denn, man meint es als Statement. Möchte so mal eine Diskussion in Gang bringen. Verkrustete Strukturen aufbrechen, neue Perspektiven, Pipapo. Früher hätte man dafür vielleicht der Verwandtschaft am zweiten Feiertag heimlich Haschkekse kredenzt. Heute, wo alle auf die Transfette achten müssen, geht das mit den Keksen nicht mehr. Da muss man eben andere Wege finden, um Barrieren zu überwinden. Da kann die Nacktschleife Denkanstöße geben. Wobei sich das dann auch schnell mal verselbständigt. Also dass man die ganzen Weihnachtstage über nichts anderes mehr redet als darüber, dass man *einmal* vor der gesamten Familie nackt im Wohnzimmer gestanden hat und Ganzkörpergeschenk war. Manchmal geht dieses Gerede noch ewig weiter. Man hörte schon von Familien, in denen nach der weihnachtlichen Nacktschleife plötzlich nichts mehr so ist, wie es mal war.

Insofern sollte man sich das überlegen mit dem Heiligabend und der Nacktschleife. Aber in der Adventszeit, am Wochenende, wenn die Kinder vielleicht außer Haus schlafen und man da so ein bisschen diffuses Licht machen kann, so mit Kerzen, quasi: Advent, Advent, die Schleife brennt … Wieso nicht?

Die schönsten Weihnachtsmärkte der Welt (Folge 25): Der Christkindlesmarkt in Nürnberg

Auf dem Christkindlesmarkt in Nürnberg, dem wohl größten Weihnachtsmarkt der Welt, beobachte ich eine Gruppe norddeutscher Senioren, die sich vor einem der vielen Glühweinstände aufgebaut haben und spontan ein Konzert geben. Sie singen Weihnachtslieder und haben schon richtig viel Publikum angelockt. Das liegt zum einen an ihrer Lautstärke. Eigentlich brüllen sie die Weihnachtslieder mehr, als dass sie sie singen. Außerdem weichen ihre Versionen auch textmäßig ein wenig von den Originalen ab. Gerade singen sie: «Alle Jahre wieder / kommt der Bauersmann / auf die Bäurin nieder, / strengt sich tüchtig an.»

Wuchtig und fröhlich intonieren sie diese Zeilen. Besonders Kinder bleiben stehen und hören begeistert zu. Die Eltern hingegen versuchen, sie irgendwie weiterzuziehen, oder halten ihnen die Ohren zu. Nützt aber nicht viel. Die neun sturzbetrunkenen norddeutschen Senioren, die ich allesamt auf siebzig

Jahre plus x schätze, singen aus voller Brust. Männer wie Frauen. Und sie können erstaunlich viele Strophen: «Mägde und auch Küüüühe, / allehe kommen dran, / gibt sich ord'ntlich Müüüühe, / der bravehe Bauersmann.»

Gelernt ist gelernt, denk ich mal. Ein mittelalter Mann, wahrscheinlich der Reiseleiter, versucht verzweifelt, die Gruppe in Richtung Busparkplatz zu schieben. Aber die Senioren erweisen sich als genauso stand- wie trinkfest. Beflügelt von dem großen Publikum und gelegentlichem Szenenapplaus, sind sie offenbar fest entschlossen, den Rest ihres Lebens mit dem Singen schlüpfriger Weihnachtslieder auf dem Nürnberger Christkindlesmarkt zu verbringen.

Dann stimmt der Dickste von ihnen ein Solo an: «Mein Tannenbaum, mein Tannenbaum, / lalalala-lalala, / du stehst nicht nuuuur zur Sommerzeit ...», und so weiter und so fort. Also zumindest ungefähr. Ganz genau ist der Text nicht zu verstehen, da sich seine Stimme vor freudiger Erregung immer wieder überschlägt. Zudem unterbrechen ihn die Seniorenfrauen ständig, brüllen lachend Sätze wie: «Glauben Sie dem Angeber kein Wort, von wegen Tannenbaum, richtig müsste der eigentlich singen: ‹Mein Stachelbeerstrauch, mein Stachelbeerstrauch, / man sieht ihn kaum noch unterm Bauch.›» Dann biegen sie sich alle vor Lachen.

Neben den Kindern sind vor allem ausländische Touristengruppen ganz aus dem Häuschen wegen der singenden Senioren. Eine größere Gruppe Koreaner filmt und fotografiert sich quasi die Linsen wund. Wahrscheinlich sind sie auf einer Ganz-Europa-in-vierzehn-Tagen-Reise. Sorgsam zusammengestellt. In jedem Land nur der absolute Höhepunkt, der exemplarisch für die Kultur eines ganzen Volkes steht. In Spanien die weltberühmte Architektur der Sagrada Família. In Italien die Kunstschätze des Vatikans, die Sixtinische Kapelle. In Frankreich das romantische Licht des Montmartre mit Sacré-Cœur. In England die royale Anmut des Buckingham Palace. Und stellvertretend für Deutschland: sturzbetrunkene Senioren, die auf dem Christkindlesmarkt versaute Weihnachtslieder grölen. Jedes Volk ist anders. Wahrscheinlich werden dann all die lieben Verwandten und Bekannten, denen sie in Korea ihr Reisevideo zeigen, bei ihrer eigenen geplanten Europareise die gesamten vierzehn Tage in Deutschland verbringen wollen.

Zwei, drei Lieder später erscheint jedoch plötzlich die Polizei und macht dem Konzert ein Ende. Mitten in «Schwings Röckchen, schwingelingeling, / schwings Röckchen, schwing. / Ist so kalt der Winter, / reib mir mal den Hintern» ist unweigerlich Schluss. Es gibt noch einen riesigen Applaus von den Koreanern, Russen, Amerikanern und den anderen Christkindlesmarktbesuchern, dann aber heißt es wirklich Feierabend für den Weihnachtschor.

Als ich kurz darauf sehe, wie die Polizisten offensichtlich die Personalien der Sänger aufnehmen wollen, beschließe ich, mich für die norddeutschen Senioren einzusetzen. Aber nachdem ich mich zu ihnen und den mit gezücktem Block und Stift dastehenden Beamten bewegt habe, höre ich nur einen der fränkischen Ordnungshüter sagen: «Entschuldigung, aber für unsere Weihnachtsfeier vom Revier, könnten Sie mir noch mal den Text von diesem ‹Alle Jahre wieder› mit dem Bauersmann diktieren?»

Ich hab's dann auch gleich mitgeschrieben.

Der Nikolaus kommt früh nach Haus

Kürzlich habe ich Mirko Kumbat in der U-Bahn getroffen. Mirko ist der jüngste Sohn der Kumbats, mittlerweile ist er aber auch schon vierundzwanzig und glaubt nicht mehr an den Weihnachtsmann. Gott sei Dank, weil, sonst müsste ich vermutlich immer noch bei den Kumbats zur Bescherung Weihnachtsmann spielen.

Mit den Kumbats verbindet mich eines der fraglos unangenehmsten Erlebnisse meines Lebens. Es war vor gut zwanzig Jahren in meinen ersten Wochen in Berlin. Damals waren die Wohnungen hier noch sehr, sehr knapp. Erst recht die billigen. Die ersten drei Monate in Berlin habe ich deshalb in vier verschiedenen Wohnungen gewohnt, immer nur für zwei, drei Wochen auf Zeit. Anfang Dezember hatte ich ein Zimmer in einer WG gefunden, im vierten Stock eines Hauses, wo im zweiten Stock die Kumbats wohnten. Die Kumbats hatten drei Söhne, was ich aber bis zum Morgen des 6. Dezember noch gar nicht so richtig wusste und was mich bis dahin nun eigentlich auch überhaupt nicht interessiert hatte, denn ich hatte wahrlich genug anderes um die Ohren. Um es kurz zusammenzufassen: Ich war damals neu in Berlin, ich war jung, und es war eine wilde Zeit. Für andere vielleicht nicht so, aber für ein völliges Landei, das komplett überfordert war mit den Versuchungen der Großstadt, für dieses Landei war das schon eine verdammt wilde Zeit. In der Nacht zum 6. Dezember nun, also der Nacht vor Nikolaus, kam jetzt ebendieses Landei, nennen wir es der Einfachheit halber mal: «er», er kam also gegen fünf Uhr morgens sehr betrunken und, das ist ja häufig, wenn man betrunken ist, auch sehr, sehr hungrig heim und begann den äußerst beschwerlichen Aufstieg in den vierten Stock. Schon im zweiten Stock jedoch geschah dann das Unglück. Denn dort standen die drei gefüllten Nikolausstiefel der Kumbat-Söhne. Wie gesagt, hatte er unfassbar großen Hunger und war betrunken. Es muss alles ganz schnell gegangen sein. Als er wieder zu sich kam, saß er auf der Treppe und hatte einen der drei Stiefel ratzeputz leer gegessen. Dann jedoch kam sofort das schlechte Gewissen. O Gott, was, wenn die drei Jungs am Morgen vor die Tür schauen? Zwei mit vollen Stiefeln, und einer kriegt nichts. Überhaupt gar nichts. Wenn das kein Trauma gibt. Es half alles nichts: Um das eine Kind irgendwie zu schützen, sah er keine andere Möglichkeit, als die anderen beiden Stiefel auch komplett leer zu essen. Das war schon deutlich schwieriger, aber um den Jungs eine glückliche Kindheit zu bewahren, stopfte er die Süßigkeiten ohne Rücksicht auf Verluste in sich rein. Dann war ihm übel. Aber so richtig übel. Von den rund anderthalb Kilo Süßigkeiten – und vom immer stärker werdenden schlechten Gewissen. Drei Kinder vor leeren Nikolausstiefeln. Mit einem Schlag war ihm das ganze Ausmaß seiner verwerflichen Tat bewusst. Nein, so ging das nicht. Er durfte sich jetzt nicht einfach davonstehlen. Er hatte gefehlt, jawohl, am frühen Nikolausmorgen war er geprüft worden, und er hatte gefehlt, aber er würde wenigstens zu seiner Schandtat stehen. Er beschloss, zu klingeln und alles zu erklären.

Bis heute frage ich mich, was für ein Gefühl es als Vater sein muss, wenn man am Nikolausmorgen um fünf Uhr früh mit Sturmklingeln aus dem Bett geholt wird, von einem völlig betrunkenen und schokoladebeschmierten Untermieterstudenten, der einem lallend verkündet, dass er soeben versehentlich die drei Nikolausstiefel seiner Söhne ratzeputz leer gefressen hat. Dann von diesem Studenten fast umgerissen zu werden, weil der plötzlich und unangekündigt zur Toilette stürzt, wo dann alles nur noch viel, viel schlimmer wird. Bevor dann endlich ebendieser Student auf ebendieser Toilette genauso überraschend in einen tiefen, regungslosen Schlaf fällt.

Also, für diesen eigentlich etwas unvorteilhaften ersten Eindruck hat Herr Kumbat doch relativ gelassen reagiert. Natürlich musste ich später Badezimmer, Flur und Treppenhaus putzen. Und natürlich fünf Jahre lang bei Kumbats den Weihnachtsmann spielen. Aber gemessen an diesem Vorfall – also man muss wirklich sagen, das hätte auch schlimmer kommen können. Obwohl ich vermutlich der einzige Weihnachtsmann in ganz Berlin war, der nach der Bescherung der bescherten Familie auch noch das Bad geputzt hat, fünf Jahre lang. Das war dann eben auch so eine Art Tradition.

Wann lacht der Eskimo?

Die Eskimos, so heißt es, haben rund dreißig verschiedene Wörter für Schnee. Mein Nachbar hat nur ein Wort für Schnee, dafür aber, grob geschätzt, so um die zweihundert verschiedene Bestimmungswörter für den immergleichen Schnee: Scheißschnee, Drecksschnee, Mistschnee, Doofschnee, Arschschnee, Idiotenschnee, Stinkeschnee …

Seit rund anderthalb Jahren darf mein Nachbar wegen der Familie nicht mehr in der Wohnung rauchen. Seitdem steht er auf dem Balkon, raucht und schimpft zitternd und bibbernd vor sich hin. Der erste Winter war ja noch milde, aber dieser Winter ist für ihn die Hölle. Zumindest schimpft er so: Sauschnee, Blödschnee, Sackrattenschnee … Obwohl, im Sommer, wenn die Sonne steil auf seinen Südbalkon schlägt, kann er seine vielen Bestimmungswörter auch schön für die Hitze benutzen: Dreckshitze, Doofhitze, Misthitze … Und im Frühjahr oder Herbst nutzt er sie dann eben für Wind oder Regen: Drecksregen, Mistregen und so weiter und so fort. Mein Nachbar schimpft einfach grundsätzlich gern. Einer der wenigen echten gebürtigen Berliner, die noch etwas auf Berliner Lebensart und Tradition geben. Die Tochter will sogar beobachtet haben, dass er manchmal gar nicht raucht, sondern, trotz der Eiseskälte, nur auf den Balkon geht, um ein bisschen das Wetter zu beschimpfen.

Deshalb ist er aber noch lange kein Stinkepeter. So wie er mit Inbrunst schimpfen kann, so kann er auch aus vollem Herzen lachen, das muss man schon fairerweise dazusagen. Zum Beispiel wenn eine orientierungsschwache Taube voll gegen das leicht vorstehende Mauerstück fliegt und runterkracht. Dann lacht er ganz laut und ansteckend.

Anlässlich des hundertsten Geburtstags des Spieles «Mensch ärgere dich nicht» habe ich kürzlich gelesen, Schadenfreude sei ein rein deutsches Wort. In anderen Sprachen gäbe es dieses Wort gar nicht. Was sagen solche sprachlichen Besonderheiten eigentlich über den Charakter eines Volkes aus? Obwohl, ich kann es auch kaum glauben. Bitte, wie bedauernswert arm ist denn ein Volk, das das anmutige Glück der harmlosen, lebensfrohen Schadenfreude nicht kennt? Außerdem, wer schon einmal mit Holländern ein Spiel einer deutschen Fußballmannschaft gesehen hat, bei der die deutsche Mannschaft dann unterlag, der weiß, dass Holländer Schadenfreude sehr wohl und sehr gut kennen. Aber hallo!!!! Gleiches gilt meines Wissens auch für Engländer. Ein zeitweise leicht zynischer amerikanischer Freund erklärte mir hierzu, Engländer oder Amerikaner würden statt Schadenfreude «justice» sagen.

Eskimos hingegen haben vielleicht wirklich kein Wort für Schadenfreude, dafür aber dreißig verschiedene Wörter für Schnee. Wer so viel Schnee hat, braucht keine Schadenfreude mehr. Die vielen verschiedenen Wörter haben sie laut Etymologen, weil der Schnee für ihre Gesellschaft eine große, quasi metaphysische, identitätsstiftende Bedeutung besitzt.

Wir haben nur ein Wort für Schnee, dafür aber rund zweihundert verschiedene Formulierungen für völlig betrunken sein: hackevoll, sturzbesoffen, die Lampen ausgeschossen, den Vorhang zugezogen, zugelötet, Strandhaubitze, dicht wie Eimer, zu wie Karstadt und so weiter und so fort. Das ist natürlich auch interessant, so hat eben jedes Volk seine eigene sprachkulturelle Identität.

Die schönsten Weihnachtsmärkte der Welt (Folge 34): Auf dem Berliner Breitscheidplatz

Ich sag ja immer: Jeder Weihnachtsmarkt ist anders. Das ist wirklich mal was, was sie alle gemeinsam haben. Dass eben jeder wirklich anders ist. Zum Beispiel der am Breitscheidplatz. Der ist noch nicht so kommerzialisiert. Da wird nicht so eine rührselige Weihnachtsstimmung erzeugt, in der man den Leuten dann leichter das Geld aus der Tasche ziehen kann. Nein, das ist noch ein ehrlicher Rummel. Laut, dreckig, der reine Stress. Da wird einem «Stille Nacht» noch von einem Hammondorgelorchester ins Ohr gebrüllt. Das hält wach. Nicht dieses einlullende Streichergesäusel von anderen Weihnachtsmärkten in ihrem Besinnlichkeitsfanatismus.

Eine Mutter zerrt ihr quiekendes Kind vom Aladin-Karussell, brüllt: «Sei endlich still, oder ich verkauf dich als Klingelton!» Meinte das die von der Leyen, als sie sagte: «Wir sollten Kinder nicht nur als Belastung sehen, sondern als gewinnbringende Zukunft»?

Eine andere Mutter hat ihre fünf Kinder mit einer Kordel wie an einer Freundschaftskette zusammengeknotet. So ist es selbst in diesem Trubel extrem unwahrscheinlich, dass sie eins verliert. Wahrscheinlich ist doch alles nur eine Frage der Organisation. Sie zieht kurz an der Kordel. Oh, am Ende der Kette kommt unter der Losbude noch ein sechstes Kind zum Vorschein.

Zwei Betrunkene am Glühweinstand unterhalten sich quasi in Klingeltönen. Während der eine tweetymäßig vor sich hin wimmert: «Ich bin so allein, so lonely, allein, so klein …», scheppert der andere wie der verrückte Frosch auf ihn ein: «Bababababaaa, lass dich nich gehn, brrr, bababaa, bist doch 'n stattlicher Kerl, brrbababababaaa …»

Die Jugendlichen, die an ihnen vorbeikommen, greifen auf Höhe der beiden immer nervös zu ihrem Handy.

Matthias Horx und andere sogenannte Zeitgeistforscher glauben, diese Klingeltöne seien eine Art Jugendkultur. Wir können die nicht verstehen, so wie unsere Eltern den Punk nicht verstehen konnten. Na meinetwegen, aber der Punk war zumindest billiger. Für den Punk brauchte man als Anfänger erst mal nur einen abgebrochenen Mercedesstern. Und den gab's damals ja quasi an jeder Straßenecke für lau. Die Klingeltonjugendkultur gibt's dagegen nur mit Handy-

Vertrag. Außerdem bedaure ich schon jetzt die nächste Generation, die sich dann mit Klingelton-Revivals, Klingelton-Musicals und Klingelton-Fashion auf den Modeschauen der Haute Couture rumschlagen muss. Und was wird dann wohl die nächste Jugendkultur sein? Womit soll man solche Klingeltoneltern denn noch schocken? Vielleicht sich technische Haushaltsgeräte implantieren lassen. Ein Espressoautomat im Knie oder eine Brotbackmaschine zwischen den Schulterblättern. So eine Jugendmode wäre zumindest mal irgendwie nützlich.

Eines der Kordelkinder hat sich beim Streicheln des Ponys vom Tierasyl irgendwie in der Mähne verfangen. Das Pony setzt sich in Bewegung und schleift die sechs Kinder hinter sich her. Die Mutter beginnt lauthals zu schimpfen. Die Karussellbetreiber fürchten um die weihnachtliche Stimmung und drehen vorsichtshalber die Hammondorgelmusik ein gutes Stück lauter. Was mag in solchen Momenten nur in den riesigen Plüschtieren auf den oberen Regalen der Losbude vor sich gehen? Der gigantische türkisfarbene Elefant zum Beispiel. Womöglich steht er da schon seit zehn, zwanzig oder noch mehr Jahren. Bestimmt hat er schon unzählige Hauptgewinne – freie Auswahl! – erlebt. Aber nie hat ihn jemand ausgewählt. Was muss das für ein Gefühl sein? Plüschtiere und anderes Spielzeug neben und unter ihm wechselten, aber er blieb immer sitzen. Dieser Elefant hat viel gesehen. Vielleicht ist er mittlerweile ziemlich verbittert. Vielleicht ist er aber auch über all die Jahre klug und weise geworden. Für den Elefanten ist die ganze Welt ein Jahrmarkt. Er hat ja nie etwas anderes gesehen.

Das Pony mit den Kordelkindern ist mittlerweile zum Stehen gekommen. Die Kinder fanden's super und betteln den Mann vom Tierasyl an, noch mal von dem Pony über den Weihnachtsmarkt geschleift werden zu dürfen. Ein neuer Betrunkener stellt sich auf zwei Mülltonnen und brüllt: «Kinder, hört zu! Lasst euch nicht verarschen! Den Weihnachtsmann gibt es gar nicht!»

Ein Weihnachtsmann vom Glühweinstand brüllt zurück: «Stimmt nicht! Den Mann auf den Mülltonnen gibt es gar nicht!»

Und der türkise Plüschelefant denkt sich: Na, womöglich ist es tatsächlich das Beste, hier einfach für immer in diesem Regal stehen zu bleiben.

Rüdigers erster selbstgebastelter Adventskalender

Rüdiger, mein Nachbar aus dem zweiten Stock, hat mich zum Essen eingeladen. Also quasi. Es gibt den großen Texas-Feuertopf von Aldi. Mit geheimer zusätzlicher Gewürzmischung! Die das Ganze aber nicht besser macht, im Gegenteil. Die Mischung ist Rüdigers eigene Erfindung. Eigentlich eher zufällig entstanden, als ihm mal das Gewürzregal umgefallen ist, wie er mir stolz erzählt. Die Einladung ist ein Dank, weil ich ihm Geld geliehen habe beziehungsweise weil ich es nicht zurückfordere, beziehungsweise eigentlich hatte ich geklingelt, um es zurückzufordern, aber bevor ich das sagen konnte, hatte er mich schon zum Essen eingeladen, aus Dankbarkeit, weil ich, obwohl es schon so lange über den vereinbarten Termin sei, das Geld nicht zurückfordere, und das sei ja schon toll, dass einer mal kein Arsch ist, sondern so total nett und überhaupt. Das war gestern. Dann habe ich ihm noch einmal Geld geliehen, weil er sonst ja gar nichts zum Essen hätte kaufen können. Für meine Einladung. Also habe ich ihm weitere fünfzig Euro gegeben, und er hat davon diese Dose texanischen Feuertopf besorgt. Denn er meint, wenn er mir jetzt so ein wahnsinnig feudales Essen aufgetischt hätte, hätte ich das vielleicht in den falschen Hals gekriegt. Wo er mir doch meine Schulden gar nicht zurückzahlt, aber dann so ein wahnsinnig feudales Essen, das wäre mir womöglich übel aufgestoßen …

Ich fürchte, mir wird eher dieser Feuertopf noch übel aufstoßen. Schon heute Nacht, vermute ich, und zwar so um die zwanzigmal. In alle Richtungen.

Rüdiger ist eigentlich sehr reich. Sagt er. Bis vor einem Jahr hat er irgendwas gearbeitet, womit er irre viel Geld verdient hat. Erzählt er. Aber jetzt sind alle Konten gesperrt. Wegen eines Missverständnisses. Meint er. Ich glaube ihm, weil ich kein Arsch bin. Behauptet er. Wobei ich ja tatsächlich eher nicht glaube, dass ich ihm glaube, aber davon spricht er nicht.

Neben dem Fernseher steht eine Flasche Wodka, auf die er viele Striche gemalt hat. Frage, warum er so was tut. «Rate mal!», fordert er mich auf. Ich habe keine Ahnung. Er weist mich darauf hin, dass es genau vierundzwanzig Striche sind. Das hilft mir nicht weiter, weshalb er es mir dann doch einfach verraten muss.

«Das ist sozusagen mein Adventskalender.»

«Dein was?»

«Na, mein erster richtiger selbstgebastelter Adventskalender.»

«Hm, bei einer durchsichtigen Flasche ist die Überraschung aber nicht sehr groß, so von Tag zu Tag.»

«Auch nicht viel kleiner als bei Schokoladenadventskalendern. Ich bin mit meiner täglichen Überraschung zufrieden.»

«Okay, aber bei vierundzwanzig Strichen ergeben sich doch genau genommen fünfundzwanzig Tage.»

«Ich weiß, wegen dieser verrückten Laune der Geometrie habe ich ja dann auch etwas früher angefangen. Um den Tag wieder aufzuholen.»

«Etwas früher? Es ist erst Mitte November, aber du hast schon achteinhalb Türen ausgetrunken.»

«Wenn's nur das wäre. Genau genommen bin ich adventskalendertechnisch sogar schon beim neunten Dezember 2023.»

«Du hast schon acht Adventskalender ausgetrunken? Warum?»

«Aus Protest gegen die Islamisten. Weil die uns Weihnachten wegnehmen wollen. Da habe ich mir gesagt: Jetzt erst recht!, und deshalb dieses Jahr schon im Oktober damit angefangen, Adventskalender auszutrinken.»

«Du feierst seit Oktober Advent?»

«Jawoll.»

«Denkst du nicht, das ist eine leichte Weihnachtspsychose?»

«Na ja, lieber eine Weihnachtspsychose als ein Alkoholproblem.»

Da gebe ich ihm recht; ich bin ja schließlich kein Arsch.

Die schönsten Weihnachtsmärkte der Welt (Folge 79): Spandau

Vor langer Zeit zitierte ich mal einen in Spandau gebürtigen Freund, der mir erklärt hatte, jeder Weihnachtsmarkt habe seine Spezialität. In Nürnberg gebe es den Lebkuchen, in Aachen die Printen, in Dresden den Stollen und in Spandau auf die Fresse.

Andere hingegen behaupten, der Spandauer Weihnachtsmarkt sei der schönste Berlins. Ich will da kein abschließendes Urteil wagen. In jedem Falle ist er ganz sicher der schönste Weihnachtsmarkt zwischen Berlin und Brandenburg. Spandau ist der einzige Ort, an dem die Länderfusion zwischen Berlin und Brandenburg längst vollzogen ist. Und zwar schon seit vielen, vielen Jahren. Eigentlich schon immer. Wer aus Brandenburg nach Spandau kommt, denkt, er sei in Berlin. Wer aus Berlin kommt, denkt, er sei in Brandenburg. Wer wirklich ganzheitlich in Spandau sein möchte, muss schon die Nacht dort verbringen und am Morgen langsam in das Spandau-Gefühl erwachen. Der Volksmund sagt: «Nach Spandau kann man nicht reisen. Nach Spandau kann man nur geraten.»

Traditionell in der dritten Adventswoche fuhr der Kinderladen der Tochter zum Weihnachtsmarkt nach Spandau. Ich wurde von den Erzieherinnen als Begleitperson geködert mit dem Satz: «Man muss da eigentlich nichts groß machen, es ist nur manchmal schön, noch jemand Drittes dabeizuhaben.»

Sätze, die mit «Man muss da eigentlich nichts groß machen …» beginnen, liegen übrigens ganz weit vorne in meiner inoffiziellen Liste der zwanzig Sätze, die immer gelogen sind. Knapp gefolgt von «Das kann man gar nicht verfehlen» und «Dein neuer Haarschnitt macht dich zwanzig Jahre jünger». Obwohl, das hat auch seit zwanzig Jahren niemand mehr zu mir gesagt. Da hatte ich nämlich meinen letzten Haarschnitt. Seitdem ist meine Frisur ja quasi selbstregulierend.

Nachdem sich eine Erzieherin am Morgen krankgemeldet hatte, meinte die andere, da sehe man, wie gut es sei, jemand Drittes dabeizuhaben. Ich erwiderte, jemand Drittes sei nur so lange jemand Drittes, wie es jemand Zweites gebe. Woraufhin ein Kind mich fragte, ob es bei mir auch immer so tun müsse, als ob es zuhöre.

In der U-Bahn sind nur zwei Plätze frei. Setze mich auf einen und rufe:

«Wer will auf meinem Schoß sitzen?»

Überraschenderweise wollen alle auf meinem Schoß sitzen und schaffen das sogar irgendwie. Kann dadurch zwar vom Bayerischen Platz bis Rathaus Spandau nicht atmen, aber wegen der nach kurzer Zeit einsetzenden Bewusstlosigkeit vergeht wenigstens die lange U-Bahn-Fahrt wie im Fluge. Erinnere mich an England, wo sich die Pendler zwischen Brighton und London früher angeblich auch jeden Morgen absichtlich bewusstlos geschlagen haben, damit die lange Zugfahrt schneller rumgeht.

Auf dem Weihnachtsmarkt fragt mich Rieke sofort, ob sie Lose ziehen darf. Da jedem Kind zwei Buden erlaubt sind und mein Hirn noch von der U-Bahn-Fahrt sauerstoffunterversorgt ist, sage ich: «Wuff.» Rieke versteht das als Ja. Als die Erzieherin das mitbekommt, schreit sie mich an: «Du hast Rieke erlaubt, Lose zu ziehen?»

«Wuff?»

«Weil Rieke immer Glück hat!»

«Wuff? Wuff.»

Rieke kommt mit einem circa ein Meter sechzig hohen, riesigen rosa Plüschhasen auf uns zu.

«Hab ich gewonnen.»

Die Erzieherin schnauft: «Na bravo. Den trägst jetzt aber schön du.»

Antworte: «Wuff.» Und dann: «Aber immerhin haben wir jetzt doch wieder jemand Drittes dabei.»

Die Erzieherin verlangt von allen ein anständiges Benehmen auf dem Weihnachtsmarkt. Nicht zu auffällig. Wir seien ja schließlich nicht alleine hier. Den Kindern gelingt das vergleichsweise gut. Mir weniger. Ich weiß nicht, wer schon einmal versucht hat, unauffällig zu sein, während er einen ein Meter sechzig großen rosa Plüschhasen über den Spandauer Weihnachtsmarkt trägt. Keine einfache Sache. Dass wir hier nicht alleine sind, hätte ich übrigens auch problemlos ohne den Hinweis der Chefin bemerkt. Jeder zweite Besucher spricht mich an. Vor allem Frauen. Viele Frauen. Erstaunlich.

Ich will mal so sagen: Wer im Winter allein ist und eine Beziehung sucht – vergesst Bekanntschaftsanzeigen oder Parship oder anderen Quatsch, wo du volle elf Minuten warten musst, bis sich wieder ein Single verliebt. Wenn du nett guckst und einen riesigen rosa Plüschhasen an einem weihnachtsfeierträchtigen Donnerstag über den Spandauer Weihnachtsmarkt trägst, dann kannst du sie alle haben. Wobei die meisten Frauen gar nicht mich angesprochen haben, sondern den Plüschhasen. Drei haben ihn zu sich nach Hause eingeladen. Eine meinte, der Plüschhase habe sie an den Hintern gefasst, dafür müsste *ich* jetzt einen Futschi mit ihr trinken. Die meisten jedoch haben den Plüschhasen einfach über mich ausgefragt. In der Richtung, ob sein Herrchen denn ein Netter sei oder ein Frauchen habe und so weiter. Die Männer hingegen waren weniger charmant. Sie redeten auch bevorzugt mit dem riesigen rosa Hasen, zeigten aber auf mich, als sie ihn darauf hinwiesen, dass er da was Komisches am Hintern habe.

Trotzdem verlebte ich einen der großartigsten Spätnachmittage meines Lebens. Man kann sagen: Auf seine eigene, verquere Art ist der Spandauer Weihnachtsmarkt tatsächlich der schönste. Von was auch immer.

Zumindest wenn man es mag, zum schieren Objekt niederer Begierde zu werden. Ich fand das mal ganz schön.

Zumindest so lange, bis Rieke beim Entenangeln auch noch ein riesiges weißes Einhorn gewann. Männer mit rosa Plüschhasen und weißen Einhörnern gelten wohl nicht mehr als attraktiv. Wusste ich auch noch nicht. Auf der Rückfahrt durften wieder alle, einschließlich Hase und Einhorn, auf mir sitzen, wodurch ich zwar später eine Weile erneut nur durch Wuff-Laute kommunizieren konnte, aber die Freundin meinte, ihr sei der Unterschied zunächst gar nicht aufgefallen.

Ha! Wenn die wüsste. Lasse sie reden und betrachte mein Foto mit den Stofftieren. Denke, am Ende bleibt uns immer noch der Spandauer Weihnachtsmarkt … Wuff!

Die beige Einzelzelle der Liebe

Philipp trägt einen hässlichen Pullover. Das ist grundsätzlich nichts Schlimmes oder Ungewöhnliches. Ich trage auch von Zeit zu Zeit ganz gerne mal einen hässlichen Pullover. Teilweise sogar mit Absicht. Es gibt so eine Art hässliche Pullover, die kommt bei Frauen eigentlich recht gut an. Also zumindest bei einigen Frauen. Solche Pullover lösen bei diesen Frauen so eine Art Mutter- oder Beschützerinstinkt aus: «Um Gottes willen, was ist das denn für ein Pullover? Der arme, arme Mann. Ich muss diesen Mann vor seinen Pullovern schützen. Aber wie kann man ihn nur retten? Was kann ich nur tun? Na, ich denke, wir sollten miteinander schlafen. Das lenkt ihn vielleicht ein bisschen ab, vielleicht kann man ihn so vor seinen Pullovern retten. Einen Versuch ist es wert.»

Nicht selten sind es wohl Gedanken wie diese, die die Basis einer langen und glücklichen Beziehung bilden. Philipp trägt den Pullover aber nicht, um eine Partnerin zu finden. Im Gegenteil, er hat sogar schon eine Ehefrau, und ein Kind hat er noch dazubekommen, und genau deshalb trägt er auch den Pullover. Denn der ist sein Geburtstagsgeschenk, vom Kind, die erste eigene Strickarbeit des Sohnes. Ein toller Pullover, sagt Philipp. Das sagt auch Jana, die Mutter des Kindes. Ja, das stimmt, der Pullover ist wirklich toll, aber leider hässlich.

Er sieht aus wie ein norddeutsches Ziegeldach nach einem Jahrhundertsturm. Überall sind undefinierbare Lücken, sodass man sich ständig fragt, ob das die Versicherung wohl zahlt. Die Farbe ist irgendwie eine Variation in Beige. Dunkelbeige würde ich sagen. Der Farbname Beige wurde ja nur erfunden, weil es zu unappetitlich ist zu sagen, irgendetwas sei kotzefarben. Aber dieser Pullover ist dunkelbeige. Die Ärmel sind rund zehn Zentimeter zu lang und zu breit, weshalb sie gern in irgendwelchen Kaffeetassen hängen, wodurch Philipp permanent tropft oder suppt. Die vordere Seite des Pullovers ist leider deutlich breiter geraten als die hintere, wodurch es vorne zu Verwerfungen kommt, die aussehen, als würde Philipp etwas unter dem Pullover verstecken. Etwas Lebendiges. So was wie ein unförmiges Kaninchen oder drei nervöse, zappelige Nacktmulle, die vor seinem Bauch Tai-Chi oder etwas Ähnliches machen.

Das Bitterste jedoch ist: Die Wolle muss auch irgendwas enthalten, was Philipp oder zumindest Philipps Haut nicht sehr gut verträgt. Sein Gesicht ist sauerkirschrot, und er atmet auch relativ schwer. Und trotzdem quält sich Philipp ein Lächeln ab. Denn er ist ein toller Vater. Ein hammermäßig toller Vater. Keine Frage. Das wussten aber eigentlich alle auch schon vorher. Doch jetzt, wie er da so tapfer sitzt in dieser dunkelbeigen Einzelzelle, mit drei Nacktmullen am Bauch, rot leuchtend und tropfend – damit hängt er alle anderen Väter auf ewig ab. Das können wir nicht mehr toppen. Nie mehr.

Ich bin neidisch. Natürlich könnte ich meine Tochter zwingen, mir auch so einen entwürdigenden Pullover zu stricken. Aber was, wenn ihrer dann doch ganz toll wird? Dann wirke ich wie ein Angebervater, weil mein Premiumkind so phantastisch stricken kann. Das Philipp'sche Pulloveropfer erreiche ich auf diese Weise sicher nicht.

Jana sagt, sie findet es schön, wenn Kinder heutzutage noch stricken lernen.

Ich sage: «Wieso soll er das lernen? Den Pullover hat er doch auch so fertiggekriegt.»

Jana lächelt. Gequält zwar, aber immerhin, sie lächelt. Dann flüstert sie, ich solle so etwas bloß nicht gegenüber Konrad, dem Sohn, andeuten. Man wolle ihn nicht entmutigen.

Warum nicht entmutigen? Wenn es jemals einen Grund gab, jemanden zu entmutigen, dann ist es doch wohl dieser Wolltorso. Das, was ich als Kind gestrickt habe, war sehr, sehr viel weniger schlimm als Konrads Katastrophenpullover. Und trotzdem wurde das am Ende immer wieder aufgeribbelt. Sonst hätte es einem ja leid um die schöne Wolle getan. Alles wurde wieder aufgeribbelt. Und hat es mir geschadet? Null, es hat mir überhaupt nicht geschadet! Kein bisschen. Heute habe ich das doch längst schon alles wieder vergessen!

Man muss den Kindern auch einmal die Wahrheit sagen. Wo soll das denn sonst hinführen? Irgendwann sind sie beispielsweise Physiker oder Physikerin, haben ihr erstes eigenes Schwarzes Loch produziert, und man sagt platzend vor Stolz: «Oh, da hast du aber ein schönes Schwarzes Loch produziert. Hui, wie hübsch. Richtige Antimaterie, toll. Und wie schön sich das ausdehnt. Guck mal, immer weiter und weiter und weiter, so schön, irgendwann hat das bestimmt alle Materie, alles hier und auch uns geschluckt, guck mal, es kommt näher, näher – wupp!»

Andererseits ist es natürlich auch wirklich schwierig geworden, ein guter Vater zu sein. Früher, in meiner Kindheit, da reichte es ja praktisch, wenn man das Kind nicht körperlich bestraft hat. Man brauchte nur das Kind nicht zu schlagen, und zack!, schon war man quasi ein guter Vater. Früher waren die Anforderungen an Väter noch überschaubar. Die Kinder haben ständig Sachen falsch gemacht, heute machen nur noch die Eltern Fehler. Und selbstmitleidig sind sie obendrein.

Tja, wenn ich einen Sohn hätte, dann könnte ich dem immerhin mein enormes Wissen über Frauen mitgeben. Das wäre noch was. Dann bekäme er so nützliche Tipps wie: «Junge, wenn es dir schwerfällt, mit Frauen zu reden, also dieser ganze Bereich Gespräch, Kommunikation, Zuhören und so, wenn du da nicht so richtig zurande kommst, dann zieh dir eben einfach einen hässlichen Pullover an, das geht oft genauso gut.»

Als ich gehen will, drückt Jana mir ein Geschenk in die Hand: «Hier, von uns, zu Weihnachten. Dieser braune Blumenübertopf hat dir doch immer so gut gefallen, und du hast immer gesagt, wie sehr du dich für uns freust, dass wir so einen tollen Topf haben. Wir finden ihn eigentlich gar nicht so besonders, wissen offen gestanden nicht einmal genau, wo wir ihn herhaben. Da dachten wir, schenken wir ihn dir, damit du eine Freude hast.»

Ich lächle und bedanke mich tapfer. Na wunderbar, jetzt muss ich wegen des Topfes auch noch eine neue Wohnung suchen. Als hätte man mit den Kindern nicht schon genug um die Ohren.

Romantik

Nachdem ich im letzten Dezember in Anbetracht einer schneebedeckten, quasi unberührten, wirklich wunderschönen Winterlandschaft von der Liebsten darauf aufmerksam gemacht wurde, dies sei eine formidable Möglichkeit, eine immerwährende gemeinsame romantische Erinnerung zu schaffen, eine Art emotionales Foto, das wir beide dann für alle Ewigkeit im Herzen tragen könnten, einfach indem ich jetzt irgendetwas ganz Besonderes, etwas Romantisches sagen würde, da dachte ich: O Gott. Warum? Wieso muss ich wieder was Romantisches sagen? Warum kann sie sich nicht einfach Geld oder einen Diamantring wünschen? Das bekäme sie zwar nicht, aber das wären wenigstens blöde Wünsche, da wäre ich zumindest moralisch im Recht. So aber blieb mir nichts anderes übrig, als verzweifelt zu versuchen, romantikmäßig alles, aber auch wirklich alles zu geben. Also presste ich ängstlich stockend und leicht errötend heraus:

«Wenn ich hier – mit dir – so frier – denk ich mir – mit dir – frier – ich hier – am liebsten.»

Puuuh. Sie lächelt, und ich lächle zurück, denn wir beide wissen, das hätte auch viel schlimmer kommen können.

Romantik gehört im Großen und Ganzen nicht zu den Gebieten, in denen ich eine angemessene Ausbildung erhalten habe. Ich bin sozusagen Romantik-Autodidakt. Ich habe mir alles selbst beigebracht. Doch leider war ich mir kein so sonderlich weiser Lehrmeister. Wobei es auch wirklich nicht leicht ist, sich selbst in Romantik zu unterrichten, wenn man in Niedersachsen aufwächst. In einer Gegend, wo bis vor kurzem noch die Attraktivität einer Frau in Hektar Ackergrund gemessen wurde. Wenngleich Landwirtschaft und Grundbesitz bei mir natürlich kein Thema waren. Probleme hatte ich aber auch so weiß Gott genug.

Mit sechzehneinhalb machte ich Frauke Langschneider den Hof. Wobei, Hof gemacht ist vielleicht etwas hochgegriffen, und ohnehin würde natürlich niemand im Landkreis Diepholz sagen, er will jemandem den Hof machen, es sei denn, er plant tatsächlich, dessen Hof zu pflastern oder zumindest mal die Auffahrt mit Schnellbeton auszugießen. Ich habe Frauke Langschneider schlicht gefragt, ob sie mit mir gehen will, und das, wenn man es noch genauer nimmt, eigentlich auch nur, weil mein vermeintlicher Freund Thorsten Mannschott aus absolut sicherer Quelle erfahren haben wollte, «dass die Frauke nämlich total auf dich steht und dass du die eigentlich nur noch fragen musst, und ratz und fatz, schon springt die Katz!». Sagte mir Thorsten Mannschott, und er hatte sogar noch weitergehende Überlegungen angestellt:

«Weil, das wäre dann doch super, weil, dann hättest du ja schon wenigstens mal eine Freundin, was ja doch schon mal ein Anfang wäre irgendwie, also ein Anfang, auf dem man dann ja auch quasi aufbauen kann, weil, wer schon mal eine Freundin hatte, der spielt dann quasi direkt eine Liga höher, und wer weiß denn, was bei der Frauke nicht noch so alles möglich ist, aber auch selbst wenn nicht, also, wenn da denn doch letztendlich kaum etwas möglich ist, was zwar zu befürchten ist, da die Frauke jetzt ja auch nicht so den Eindruck macht, dass da jetzt wer weiß was alles bei ihr möglich ist …», also das räumte selbst Thorsten Mannschott ein, «dass die Frauke jetzt gerade so diesen Eindruck eher gar nicht macht, sondern eher im Gegenteil, aber das ist ja auch gar nicht wirklich notwendig in dem Sinne, sondern eher so, ich sag mal: kann, muss aber nicht, weil, mal angenommen, selbst wenn das jetzt ganz schnell wieder auseinandergehen würde, also quasi ohne jeden größeren zweisamen Vorfall direkt wieder auseinandergehen würde, wäre es natürlich immer noch ein Riesenerfolg, dann doch immerhin überhaupt schon mal eine Freundin gehabt zu haben, also ganz offiziell und belegbar, was in jedem Fall für den Ruf und weitere mädchentechnisch relevante Vorhaben sicherlich nicht von Nachteil wäre, sondern eher im Gegenteil, weil du dann ja schon mal so mädchenmäßig erfahren wärst oder zumindest als erfahren gelten würdest, was ja im Prinzip genauso gut ist, und das wäre ja schon mal ein Wort, weil, das kann ja weiß Gott nicht jeder Junge vorweisen, also schon mal eine reguläre Freundin gehabt zu haben. Und diese einmal erbrachte mädchenmäßige Leistung würde dir ja auch in jedem Fall erst einmal Vorsprung und ein bisschen Luft verschaffen vor der nervigen Angeberei der anderen zum Beispiel, und deshalb solltest du die Frauke in jedem Fall einfach mal fragen, wo ich doch aus sicherer Quelle weiß, dass die Frauke ja nur darauf wartet, da wäre es ja blödsinnig, wenn du nicht …»

So redete Thorsten Mannschott tagelang auf mich ein, bis ich sie endlich gefragt habe, auf dem Nachhauseweg. Ein Gespräch, das ich niemals vergessen werde. Ich eröffnete mit einem munteren:

«Ach guck, die Frauke.»

«Hm.»

«Jaja, die Frauke, guck.»

«Guck, der Horst.»

«Und? Die Frauke?»

«Was gibt's, Horst?»

«Och, die Frauke. Wie war die Schule?»

«Was? Weißte doch.»

«Ja, weiß ich doch. Ja? Und? Sonst so? Das Fahrrad? Fährt gut?»

«Was?»

«Na, ich mein nur, also, wenn mal was ist mit
dem Fahrrad. Musste nur sagen. Ich kann das … ich
mein … ich äh … ich kann das dann schon machen.»

«Was willst du?»

«Ich? Ähm. Nichts. Nur … Ach, nichts. Ach, die
Frauke.»

«Du willst aber nicht fragen, ob ich mit dir gehe,
oder?»

«Ich? Nein. Haha. Warum denn so was? Nein-
neinnein.»

«Das ist gut.»

«Ja, das ist gut. Das ist gut. Aber jetzt nur mal angenommen, was wäre denn, wenn?»

«Was?»

«Na, mal angenommen, ich würde fragen, was
würdest …»

«Nein.»

«Also jetzt, ich meine, ohne Tamtam und so, sondern nur …»

«Nein.»

«Das wär jetzt auch quasi ganz inoffiziell …»

«Nein.»

«Ja gut, dann, aber ich wollte ja sowieso nicht fragen.»

«Ja, das wolltest du sowieso nicht.»

«Aber nur mal so interessehalber. Warum denn nicht?»

«Weil ich das so nicht will, du kannst nicht einfach nur so fragen, da muss mehr kommen.»

«Wie? Was muss denn da noch mehr kommen?»

«Na, lass dir was einfallen, was Romantisches oder so.»

Eigentlich hatte ich ab da ja gleich keine Lust mehr. Aber Thorsten hat keine Ruhe gegeben: «Sie hat doch praktisch schon angebissen, jetzt aber mal hopp, hopp, rauf auf'n Topp!»

Vor allem Thorsten zuliebe habe ich es dann doch noch mal versucht. Zwei Tage später wartete nach der Schule ein frischgeputztes, gewartetes, blitzendes Fahrrad auf Frauke. Im nigelnagelneuen Satteltäschchen steckten drei Blümchen und ein selbstgeschriebenes Gedicht. Acht Zeilen. Nur an die letzten beiden kann ich mich noch einigermaßen erinnern. Sie gingen ungefähr:

«Träum ich von deinem Sternenhaar
und wünsche mir, wir wär'n 'n Paar.»

Auf diesen Reim war ich besonders stolz. Also auf «Sternenhaar» und «wär'n 'n Paar». Eigentlich bin ich immer noch stolz darauf. Möglicherweise habe ich die ganze Geschichte nur wegen dieses Reims überhaupt noch einmal erzählt.

Und es hat dann ja auch geklappt. Die nächsten vier Wochen gingen wir zusammen. Komplett ohne alles zwar. Aber immerhin, wir gingen miteinander. Schon irgendwie auch offiziell. Kann man nichts sagen. Ihren Freundinnen hat Frauke übrigens erzählt, ich hätte in ihrer heimischen Diele einen kleinen Altar für das Fahrrad gebaut, überall Rosenblätter verstreut, klassische Musik laufen lassen, und alles hätte toll nach Jasmin, Lavendel, Veilchen oder so gerochen. Daraufhin waren die Freundinnen natürlich beeindruckt, weshalb ich die Geschichte so ließ, wie Frauke sie sich gewünscht hatte.

Allerdings glaube ich bis heute, dass noch nie ein Junge oder ein Mann irgendwas total Romantisches mit Rosenblättern, Düften, Altären oder so gemacht hat, sondern die Mädchen oder Frauen das immer nur erzählen, um die Freundinnen neidisch zu machen, und die Männer nicken es nur ab, weil, es schadt ja nix. Das ist sicher ein weites Feld.

Aus der sehr pragmatischen Beziehung wurde am Ende dann sogar noch richtige, echte Liebe, allerdings nur bei Frauke und auch nicht mit mir, sondern mit Thorsten Mannschott. Ich war benutzt worden. Trotzdem fand ich es als Erfahrung natürlich super, und es hat mir auch tatsächlich ein bisschen den Rücken frei gehalten für die dann folgende freundinlose Zeit. Fraukes von mir gewartetes Fahrrad war übrigens nach wenigen Kilometern wieder kaputt. Möglich, dass ich da eine oder mehrere Schrauben vergessen habe oder so, was wiederum den tiefgründigen Satz eines anderen Freundes, Jörg Klusmann, bestätigt, der irgendwann wohl ganz kurz einen tiefen Einblick ins Universum hatte nehmen können, als er sagte: «Liebe macht noch mal anders rammdösig als Schnaps.» Gilt bis heute.

Die schönsten Weihnachtsmärkte der Welt (Folge 53): Die Weihnachtswurst von Nordenham

Auf dem Weihnachtsmarkt von Nordenham gibt es genau drei Buden. Rosis Glühweinstation, Ewalds Original Berliner Waffeln und Wurst-Didi. An der Bude von Wurst-Didi hängt eine Werbetafel: «Was wäre Weihnachten ohne die Weihnachtswurst von Wurst-Didi?» Das ist eine wirklich gute Frage. Da habe ich so noch gar nicht drüber nachgedacht.

Die Weihnachtswurst von Wurst-Didi ist im Prinzip eine ganz normale Currywurst, nur dass über den Ketchup dann noch mal zwei bis drei gehäufte Esslöffel Lebkuchengewürz, Zimt und wohl auch so etwas wie Goldstaub gestreut werden. Doch zurück zur Ursprungsfrage: Was also wäre Weihnachten ohne die Weihnachtswurst von Wurst-Didi? Ein kleines bisschen schöner, denke ich.

Eigentlich wollte ich gar keine Wurst, ich hatte Pommes bestellt, aber Wurst-Didi konnte mich nicht verstehen, weil es neben den drei Buden noch eine vierte Attraktion auf dem Nordenhamer Weihnachts-markt gibt: die Kunsteisbahn oder, genauer gesagt, das Eislaufzelt, das von einem kleinen, verbitterten, luft-getrockneten Mann betrieben wird, der offensicht-lich Weihnachten oder Nordenham oder beides oder sogar die ganze Welt hasst. Zumindest dröhnt aus seinen bis zum Anschlag aufgedrehten Boxen un-unterbrochen Musik von der Gruppe Scooter, eben in einer Lautstärke, die jegliche Kommunikation bis weit über den Marktplatz hinaus unmöglich macht und die letztlich auch dazu führt, dass ich jetzt Wurst-Didis Weihnachtswurst essen muss. Offen gestanden weiß ich gar nicht, ob die Musikstücke wirklich alle von Scooter sind. Erkannt habe ich nur das Stück, wo H. P. Baxxter immer «Hyper! Hyper!» brüllt. Wobei alle anderen Stücke aber quasi genauso klingen, nur eben ohne «Hyper! Hyper!»; also selbst wenn die eventuell nicht original von Scooter sind, dann sind sie doch zumindest sehr scooteresk.

Nordenhamer sind keine auf diesem Weihnachts-markt. Außer mir ist überhaupt kein Besucher auf diesem Weihnachtsmarkt. An einem Adventssams-tagnachmittag. Fühle mich den vier Attraktionen gegenüber irgendwie verpflichtet. Die muss ich jetzt alle vier ganz alleine durchbringen. Kaufe auch eine Waffel und einen alkoholfreien Glühwein mit Schuss. Gerne hätte ich mit Glühwein-Rosi ein wenig über den Sinn oder Unsinn von alkoholfreiem Glühwein mit Schuss philosophiert, aber wegen der Scooter-Beschallung hat Rosi ein paar Riesenkopfhörer auf, mit denen sie vermutlich noch mal etwas anderes hört. Vielleicht Entspannungs- oder Meditationsmusik. Das würde zumindest das Tempo ihrer Bewegungen erklären. Wobei Tempo hier natürlich das völlig falsche Wort ist. Nachdem ich, wegen der Umstände wortlos, auf mein eigentliches Wunschgetränk, den alkoholfreien Punsch, gezeigt habe, zeigt sie nur kurz kopfschüttelnd auf den alkoholfreien Glühwein mit Schuss und bereitet ihn dann in sehr, sehr ruhigen, anmutigen, in höchstem körperlichem Bewusstsein ausgeführten Bewegungen zu. Nachdem sie ihn mir überreicht und kassiert hat, kehrt sie wieder in ihre meditative Grundfigur zurück, den «traumwachen Kranich im Auge des Sturms».

Ich hingegen fühle mich nun bereit für meine vierte Prüfung und will mir Schlittschuhe leihen. Der kleine, böse Mann bemerkt die Gefahr zu spät. Als ich plötzlich vor seiner Butze stehe und den Mund bewege, wird ihm wohl klar, dass ich mit ihm rede. Dann bewegt auch er den Mund. Wahrscheinlich unterhalten wir uns jetzt. Leider versteht man natürlich kein Wort, aber beide bewegen wir jetzt unsere Münder, und das ist ja das Wichtigste, dass man irgendwie miteinander redet. Nachdem wir so eine Weile beide angeregt unsere Münder bewegt haben, gibt er mir plötzlich ein Paar Schlittschuhe. Genau meine Größe. Keine Frage, rein fachlich kann ihm vermutlich als Schlittschuhverleiher kaum jemand das Wasser reichen. Ich gebe ihm wahllos ein paar Münzen aus der Hosentasche, er nickt.

Und dann, nur zwei Minuten später, laufe ich Schlittschuh. Zum ersten Mal wieder nach über zwanzig Jahren. Es gibt Dinge im Leben, die verlernt man einfach nicht. So wie Fahrrad fahren oder ohne Besteck und Hände Spaghetti essen oder seinen Namen in den Schnee pinkeln. Schlittschuhlaufen gehört leider nicht zu diesen Dingen. Das bemerke ich sehr schnell, also nach ungefähr einem halben Schritt, als ich schon die erste Eiskunstlauffigur versuche, den dreifach gestolperten Pinguin, bei dem ich zügig hinknalle, vier Meter übers Eis schlittere und dann gegen die Bande krache.

Als ich kurze Zeit später die Schuhe zurückgebe, sehe ich, wie der verbitterte, luftgetrocknete Mann tatsächlich lächelt. Richtig breit und herzlich. Dann macht er plötzlich die Musik aus, flüstert «Danke» und gibt mir die Leihgebühr zurück: «Ist schon in Ordnung, Sie haben die Schuhe ja kaum benutzt. Also zumindest nicht, um draufzustehen.»

Auch Rosi, Ewald und Didi nicken mir fröhlich zu, als ich mich über den Marktplatz zurückschleppe:

«Das war mal eine schöne Abwechslung. Wollen Sie noch eine Weihnachtswurst? Geht aufs Haus!», ruft Didi aus seiner Bude.

Ich lehne tapfer lachend ab, und die drei winken mir zum Abschied. Rund fünfzig Meter bin ich wohl schon vom Markt entfernt, als ich höre, wie «Hyper! Hyper!» wieder aufgedreht wird. Es hilft ja nichts. The show must go on. Das gilt natürlich auch für Eislaufbahnen.

Ich bremse auch mit Tieren

Als wir letztes Jahr zu Weihnachten bei den Eltern der Freundin zu Besuch waren und am späten Nachmittag des Heiligen Abends im Taxi vom Weihnachtskonzert gemeinsam zurück zur elterlichen Wohnung fuhren, sprach die Mutter plötzlich zum Taxifahrer mit betroffener, fast tränenerstickter Stimme, er habe wohl leider keine Familie, sei vermutlich ganz alleine, wenn er am Heiligen Abend Taxi fahre. Der Fahrer jedoch antwortete: «Ach nee, bei mir ist das andersrum. Eben weil ich sehr viel Familie habe, fahre ich Weihnachten lieber Taxi.»

Ich verstand ihn.

Zumal dieser Beruf gerade an den Festtagen einen besonderen Reiz hat. Als ich während meiner Studienzeit selbst als Taxifahrer gearbeitet habe, gehörten die Weihnachtsschichten zu meinen liebsten, weil erlebnisreichsten.

Unvergessen für mich ist beispielsweise das angestrengte Gespräch einer dreiköpfigen Familie, die ich am Morgen des ersten Feiertages zum Bahnhof brachte. Der Mann setzt sich, nachdem das viele Gepäck verstaut ist, auf den Beifahrersitz nach vorne. Die Mutter und die circa achtjährige Tochter warten auf der Rückbank auf die Abfahrt.

Mann: «Zum Bahnhof Zoo.»

Frau: «Ich kann nicht glauben, dass du die Pralinen für Tante Swantje nicht wiedergefunden hast.»

Mann: «Die kriegen wir vielleicht auch noch mal in Köln am Bahnhof.»

Frau: «Aber nicht mit dem Preisschild. Ich hab mir doch von Ingrid im Reichelt extra ein anderes Preisschild draufmachen lassen, damit Tante Swantje denkt, die wären dreimal so teuer gewesen.»

Mann: «Wenn wir die am Bahnhof noch einmal kaufen, sind die ja auch ungefähr dreimal so teuer.»

Frau: «Darum geht's doch gar nicht, du Blödmann. Tante Swantje soll nur denken, die wären dreimal so teuer gewesen. Wenn wir tatsächlich das Dreifache bezahlen, könnten wir ja gleich Pralinen kaufen, die auch dreimal so teuer sind.»

Mann: «Wir können ja im Bahnhof fragen, ob die uns nicht auch ein anderes Preisschild da draufkleben. Machen die vielleicht, wenn wir denen dafür was extra geben.»

Frau: «Ja. Am besten genau das, was dann auf dem Preisschild draufsteht, du Hornochse.»

Das Kind schreit.

Mutter: «Was ist denn jetzt schon wieder?»

Kind: «Nichts.»

Mutter: «Ich merk doch, dass da was ist.»

Kind: «Nein, is nichts.»

Mutter: «Was hast du denn da?»

Kind: «Nichts.»

Vater: «Julchen, sag jetzt deiner Mutter, was du da hast.»

Kind: «Ich hab nichts.»

Vater: «Julchen, lüg nicht!»

Kind: «Doch!»

Die Mutter schreit.

Vater: «Was ist da denn jetzt?»

Mutter: «Nichts.»

Vater: «Ihr sagt jetzt sofort, was da ist.»

Mutter: «Schon gut, da ist nichts.»

Es fiept. Mutter und Kind schreien. Der Vater atmet sehr tief und laut hörbar ein. Wohl um sich zu beruhigen.

Vater: «Sagt jetzt bitte nicht, dass Julchen ihre Ratte mitgenommen hat.»

Schweigen.

Vater: «Hallo, ich höre nichts.»

Kind: «Du hast doch gesagt, wir sollen bitte nicht sagen, dass ich Justus mitgenommen habe.»

Vater: «Also, ich glaub's ja nicht, ihr … Ouh.»

Der Vater verstummt. Alle sind plötzlich ganz still.

Stattdessen höre ich sie nur noch hektisch, bemüht leise rascheln und zischen. Mir kommt ein unerfreulicher Verdacht. Obwohl ich mich vor der Antwort fürchte, frage ich:

«Sagen Sie mir bitte nicht, dass Ihnen die Ratte ausgebüxt ist und jetzt hier frei durchs Taxi flitzt.»

Die ganze Familie schweigt. Als was für eine Antwort soll man das werten?

Vater: «Die tut eigentlich nichts. Der Justus ist meistens eine ganz liebe Ratte.»

Spüre in meinem Fußraum etwas huschen. Trete sofort heftig auf die Bremse. Die Bremse quietscht. Laut, aber der Wagen wird nicht langsamer. Bin überrascht. Na ja, das Quietschen klang auch seltsam, und die Bremse war ungewöhnlich weich.

Das Kind brüllt. «Der Mann hat Justus totgebremst!»

Denke, da bekommt der Satz «Ich bremse auch für Tiere» noch mal eine ganz andere Bedeutung. Wobei, genau genommen müsste es ja hier wohl heißen: «Ich bremse auch mit Tieren.»

Vater: «Keine Angst. Dem Justus geht's gut. Der hat sich nur erschrocken. Sitzt jetzt bei mir.»

Das Handy der Mutter klingelt. Als sie rangeht, hört man aus dem Hörer das Geschrei einer Frau.

Mutter: «Das ist Silvia.»

Der Vater erklärt mir: «Unsere Nachbarin. Die hat sich trotz ihrer panischen Angst vor Ratten netterweise bereit erklärt, auf Justus aufzupassen. Wir haben vorhin noch den Käfig zu ihr rübergetragen.»

Mutter: «Jetzt hat sie wohl gerade gesehen, dass der Käfig leer ist. Weshalb sie nun denkt, die Ratte würde frei in der Wohnung rumlaufen. Daher sitzt sie jetzt mit scharfen Messern auf dem Küchentisch und schreit.»

Vater: «Sag ihr, dass Justus bei uns ist.»

Mutter brüllt in den Hörer: «Silvia! Silvia! Justus ist bei … Silvia, hör doch zu! Silvia!»

Sie wendet sich wieder zum Vater: «Die hört nichts, die ist nur am Schreien.»

Vater: «Na, dann kann man nichts machen.»

Mutter: «Nee, wohl nicht.»

Sie legt auf.

Ich sage: «Das mit der Ratte eben war ganz schön knapp. Ich hätte fast einen Unfall gebaut.»

Der Vater schaut betroffen: «Schade.»

«Was?»

«Na, ich will es mal so sagen. Wenn Sie jetzt einen Unfall bauen und wir deshalb unseren Zug verpassen und nicht zu der buckligen Verwandtschaft meiner Frau können, kriegen Sie von mir hundert Mark.»

«Echt?»

Die Frau ruft von hinten: «Und die Pralinen noch dazu, wenn Sie uns wieder nach Hause gefahren haben.»

Überlege laut: «Na ja, ein wirklicher Unfall wäre blöd, aber wir könnten natürlich so tun, als ob. Ich habe einen Kollegen, der hatte vor ein paar Monaten tatsächlich einen Blechschaden. Der würde uns bestimmt die Unfallfotos leihen. Die könnte man dann Ihrer Verwandtschaft schicken. Quasi als Beweis …»

Am Ende hatten alle ein schönes Weihnachtsfest. Die Familie blieb in Berlin. Justus kam zurück in sein Häuschen im Käfig. Silvia, die Nachbarin, konnte wieder vom Tisch runter, und ich hatte hundert Mark und Pralinen.

Das nächste Weihnachten rief mich der Vater wieder an. Ob er sich die Unfallfotos noch einmal leihen dürfe. Bei ihnen selbst würde es natürlich auffallen. Aber gute Freunde, denen sie im Vertrauen davon erzählt haben, hätten großes Interesse. Im Laufe der Jahre haben diese Fotos mir und dem Kollegen ein hübsches kleines zusätzliches Weihnachtsgeld gesichert.

Als wir in der Wohnung der Eltern der Freundin ankommen, blinkt schon der Anrufbeantworter. Der Münsteraner Teil der Familie hat leider den Zug verpasst. Das Taxi hatte auf dem Weg zum Bahnhof einen Unfall. Sie haben uns auch schon Fotos vom Unfalltaxi per Mail geschickt. Als ich die Bilder sehe, denke ich: Ach guck, der Kollege ist wohl nach wie vor im Blechschadenfoto-Verleih-Geschäft. Hat sogar eine Möglichkeit gefunden, das Berliner Nummernschild mit Photoshop zu bearbeiten, sprich durch ein Münsteraner Kennzeichen zu ersetzen. Er arbeitet jetzt also überregional. Nicht schlecht. Man staunt doch immer wieder, wie viele ganz unterschiedliche Arbeitsplätze hierzulande mehr oder weniger am Automobil hängen.

Zu den Texten

Die hier versammelten Geschichten erschienen zuerst in Horst Evers' Erzählbänden *Mein Leben als Suchmaschine* von 2010 («Lasst uns Weihnachten durch Kinderaugen sehen», «Weihnachtsmarkt Breitscheidplatz»), *Für Eile fehlt mir die Zeit* von 2011 («Der Nikolaus kommt früh nach Haus», «Wann lacht der Eskimo?», «Die beige Einzelzelle der Liebe», «Romantik», «Weihnachtsmarkt Nordenham»), *Wäre ich du, würde ich mich lieben* von 2013 («Weihnachtsmarkt Rostock», «Weihnachtsmarkt Nürnberg») und *Der kategorische Imperativ ist keine Stellung beim Sex* von 2017 («Schau mir in die Augen», «Rüdigers erster selbstgebastelter Adventskalender», «Weihnachtsmarkt Spandau», «Ich bremse auch mit Tieren»).

Über den Autor

Horst Evers, geboren 1967 in der Nähe von Diepholz in Niedersachsen, studierte Germanistik und Publizistik in Berlin und jobbte als Taxifahrer und Eilzusteller bei der Post. Er erhielt u. a. den Deutschen Kabarettpreis und den Deutschen Kleinkunstpreis. Jeden Sonntag ist er auf radioeins zu hören. Seine Geschichtenbände, zuletzt *Wäre ich du, würde ich mich lieben* (2013) und *Der kategorische Imperativ ist keine Stellung beim Sex* (2017), wie auch sein Roman *Alles außer irdisch* (2016) sind Bestseller. Horst Evers lebt mit seiner Familie in Berlin.

SCHENKEN SIE (SICH) EINE «AUSZEIT»

Kurze Texte
für zwischendurch:
unterhaltsam,
humorvoll,
inspirierend.

rowohlt.de/auszeit